바람과 구름이 머문 자리

박재근의 시와 수필 제3집

도서출판 채은재

바람과 구름이 머문자리

인쇄	2013년 10월 18일
초판 1쇄 발행	2013년 10월 22일
지은이	박재근
펴낸이	양상구
웹디자인	김태완
펴낸곳	도서출판 **채운재**
주소	100-861 서울시 중구 충무로2가 49-8 (서울빌딩 202호)
전화	02-704-3301
팩스	02-2268-3910
손전화	010-5466-3911
이메일	ysg8527@naver.com
정가	10,000원

작가와의 협의하에 인지는 생략합니다
파손및 잘못된 책은 교환해 드립니다

바람과 구름이 머문 자리

저자의 辯

바람과 구름이 머문 자리

　글을 쓴다는 것은 자신의 현재와 과거를 분노하고 미화하고 다짐하는 형태로 쓰이게 되는데 그럴 때 마다 나는 그것들에 난자당하는 고통을 느낀다.
　내가 쓴 몇 편의 시 편들은 이미 나를 떠났고 오늘 다시 몇 편을 묶는 이 순간도 주검 같은 두려움이다.

　글쟁이가 되겠다고 구름 속에 청운이 있다는 막연한 꿈과, 바람 따라 흐르다 보면 거기 언젠가는 내 자리가 있다고 믿은 세월. 그 숱한 어느 날 죽어도 좋은 날이 있었는데 번번이 그날을 놓쳤을 뿐만 아니라 그럴 때마다 죽어서는 안 되는 일들이 일어났기에 오기로 여기까지 온 것인지도 모른다.

　나도 예외는 아니듯 누구나 자신만의 기막힌 소설 한 권 쯤은 가슴에 묻고 있으리라. 차마 발설하지 못하는 사연과 꼭 누군가에게 전했어야 했을 일, 그러나 이 모든 것이 변명이나 용서의 기회가 있었다고 해도 그 일들이 무슨 소용이 있겠나 하여 접고 말았을 것이다.

  다, 바람이고 한 덩이 구름이다. 우리 한 번쯤 스쳐 지나쳤을지도 모를 나와의 인연들, 또 한 번의 인연이 되어 진다면 여기 시 한 편이라도 마음에 들어 가슴에 담기를 소망해 본다.

  노을처럼 곱게 살다 가려한 그 순간, 그 흔적, 그 자리가 바람과 구름이 머문 당신과 나의 자리가 아니겠는가.

2013년 시월에 정안 삼가 씀

| 차례 |

저자의 辯 • 4

제1부 | 아픔에 묻힌 세월

감꽃 피던 5월 • 12
비우다 • 13
봉평의 메밀꽃 • 14
禁忌 • 15
광주 땅 • 16
유령의 세월 • 18
귀천의 몫 • 20
鄕愁 • 21
바닷가 단상 • 22
만리포 해무 • 23
채광석 詩碑 앞에서 • 24
존재의 비밀 • 25
죄인 • 26
탁란(託卵)의 울음 • 27
글의 뼈 • 28
어머니 • 30
외갓집 • 31
나에 대하여 • 35
가을 여정 • 36

제2부 | 되돌릴 수 없는 세월의 강

뻐꾹새 비를 맞다 • 38
한계 • 39
유지(遺旨) • 40
회한의 타이밍 • 42
고독의 사계 • 44
변명 • 45
아버지의 향수 • 46
하현달 • 47
뽀뽀뽀 • 48
어떤 유죄 • 50
메아리 • 51
길이 없다 • 52
비에 젖다 • 53

명당 • 54
가을비 오면 • 55
동학사와 갑사 • 56
국화 옆에서. 1 • 61
국화 옆에서. 2 • 62

제 3부 | 오류 그 분노

大韓民國 主所 • 64
개뿔 • 65
망배단 • 66
희롱 • 67
강의 울음 • 68
치매 • 70
땅따먹기 • 71
똥 • 72
뱅뱅 • 73
실화(實話) • 74
착하다 • 76
고독 • 77
바다 세상 • 78

시집 • 79
거미의 편지 • 80
댓글 • 82
탈 • 83
병동에서 • 84
맞다 맞다 • 85
후레자식 • 86
가을 뜰 • 87
나, 가면 • 88

제4부 | 환한 세상에 꽃은 피고 지고

정 • 90
조개구이 • 91
순간 • 92
봄바람 • 93
봄의 길목 • 94
양각 그림 • 95
매화마을 • 96
연분 • 97
벚꽃 여정 • 98
필연 • 99
무죄 • 100
울보 사랑 • 101
꽃과 나비 • 102

행복의 조건 • 103
실없다 • 104
올가을에는 • 105

제5부 | 내 가슴에 연민이여

해남 아이 • 108
굴렁쇠 • 109
마지막 밤 • 110
外島의 情 • 111
잊어야지 • 112
어느 날 일기 • 113
속죄 • 114
기다림 • 115
당신이면 좋으련만 • 116
파랑새 • 117
초파일 • 118
임자도의 아침 • 119

후회 • 120
파도 • 121
아침단상 • 122
바람과 구름이 머문 자리 • 123
김해에서 강촌까지 • 124

평설 | 시의 표정 – 박재근 시인의 시 • 128
김석규 시인

제1부
아픔에 묻힌 세월

감꽃 피던 5월
비우다
봉평의 메밀꽃
禁忌
광주 땅
유령의 세월
귀천의 몫
鄕愁
바닷가 단상
만리포 해무
채광석 詩碑 앞에서
존재의 비밀
죄인
탁란(託卵)의 울음
글의 뼈
어머니
외갓집
나에 대하여
가을 여정

감꽃 피던 5월

짙은 녹색 이파리 뒤에 숨어 피었다
부끄러울 일도 아닌데
두려워할 일은 더욱 아닌데
옴팍한 것이 내 누이 같다
내 누이가 그립다는 말 같다

땅에 떨어진 내 누이
그립다는 말들을 실에 꿰어
내 누이 주련만
젖가슴 잘린 내 누이 주련만
세월이 흐르면 흐를수록 잊히는
오월의 아픔

오빠 들었어요? 저 총소리
불쑥 일어나 달려올 것만 같은
5월의 노란 감꽃 내 누이 피었다

비우다

저문 그림자가
성큼 발등에 닿았다
노을은 붉게 들어
서녘 하늘에 가창오리떼
점점이 꽃불 되어 날아오르고
떠날 채비를 마친 하루도
그들을 따라나선다
그곳 어디쯤에 기다리는 이 있어
안식의 길로 드는 저들에게서
새삼 살아 있다는 가치가
확연히 달아오르고
아픔도 허무도 모른 체하니
이리도 가볍게
나도 날아오르는 것을

봉평의 메밀꽃

잃어버린 내 사랑이 여기 피었다
그 옛날 장돌뱅이 동이가 가는 길에
달빛도 모자라 길 밝힌 메밀꽃
언젠가 나도 한 번쯤 동이였을 듯싶은

문득 문득 잡힐 듯 보일 듯한 아련한 것이
옛 얘기가 되었지만
허 생원과 성씨 처녀가 사랑했던 메밀의 꽃은
예나 지금이나 그대로다

다시 세월은 흐르고, 아무래도 잊히지 않아
이곳을 또 들리게 될지는 알 수 없지만
봉평 장터의 옛 장국밥 대신 이, 나그네
매밀 국수 한 그릇에 그날을 채워
어렴풋한 칠 십리 대화장 굽이 길을 되돌아간다.

2011년9월 봉평에서

禁忌

절 마당에 궂은비 내리고
요사채로 든 여인
삼경의 염불 소리로 심란하다

번뇌에 몸 뒤척이는 목탁
염불 멎고 문 여는 소리
산짐승 발자국 저벅저벅

점지에 영험 있다는
외진 절의 낡은 문고리
헐겁게 벗겨지고.

속세에 적을 둔 인연
욕정을 밀쳐 본들
부처의 손바닥

어느 날 절은 산불에 화형 되고
여인 또한 어디론가 사라지고
여인의 사내마저 떠난 집 마당에
오래도록 잡풀만 무성했다

광주 땅

나는 광주를 갈 때마다 슬프다
그 이유는 모르겠다.
해독하지 못하는 난 수표 같은
풀릴 듯 풀리지 않는 안타까움의 늪에서
한참을 허덕여도 도통 까닭을 모르겠다.

내가 사는 김해에서 칠백 리 길이다
남으로 뻗은 고속도로 중간쯤
섬진강 휴게소에서 차 한 잔으로
피곤을 달래다 앞을 보면
빛이 한발 앞질러간 남도의 땅

광주 땅을 밟고 사는 사람들
아직도 말이 없다, 봇물처럼 툭 터질 것 같아
덩달아 나도 말을 잃는다.
그곳에 사는 이길옥 시인이
술 한잔 하지 했지만 서둘러 도망이다
슬픈 울음 내어 지를 까봐다

광주 사람 만나봐라
슬프다 하지 않는다.
그냥 나만 슬프기에
슬퍼할까 봐 구차한 말 닫았다

나는 경상도 땅에서 4.19에 데모를 했고
광주 사람들은 광주에서 5.18 깃발을
하늘 높이 들어 올린 그것뿐인데.

유령의 세월

덕출이 형이 부는 풀피리가 으스럼 달밤에 울려 퍼지면
앞집 복이 누나 집 삽작이 삐걱거린다고 소문이 무성했는데
얼마 후 가설극장 변사아저씨 따라 복이 누나가 간 후
풀피리는 더 애절한 가락이 되어 온 마을을 휘덮더란다

가난이 다닥다닥 붙은 그 시절 40이 넘도록 장가도 못 가고
이집저집 종처럼 끌려다니다가도
밤이 되면 덕출이 형의 세상이 되는 풀피리 사라진 어느 날
이미 오래전 떠나버린 가설극장 터 한쪽에
시체된 것을 마을 사람들이 울면서 뒷산에 묻었단다
그 후 몇 해를 그 무덤에 밤이 되면
여인 하나 서성이었다는데
동네 사람들은 배곯아 죽은 덕출이 어머니 넋이라고도 하고
어떤 이는 복이 처자라고도 했단다
지금으로부터 60여 년 전의 그 세월에
어쩌면 나도 풀피리 불 수 있을까 어린 마음이
망갯잎도 따고 버들잎도 따서 불어 보았지만
거미줄에 걸려 날개 푸드덕거리는 철뱅이 소리만 내었다
히죽이 웃으며 한 뼘이나 빠진 내 콧물을 훔쳐 주던
삐쩍 마른 형아가 이 좋은 세상에 살아있다면

나는 산자락 내 집 이 층 옥상에 불러들여
산너머 타락된 저 도시의 구석구석 유령의 길을
형아는 풀피리 불고 나는 어린아이 되어 좋아라, 뛰련만

철뱅이 – 잠자리
삽작 – 나뭇가지나 대나무로 얽어 만든 대문

귀천의 몫

시집 한 권 뽑아드니 천상병의 시집이다
그곳에서도 소풍 잘하고 있음이 분명하여
유품 귀천 한 장 펼치니 공교롭게도
"아버지의 제사" 편이다

흐릿한 기억 하나
35년 전 63세로 천상병 나이 때 아버지 귀천했다
좋은 세상 앞에 두고 안타까운 단명이었지

칡뿌리처럼 엉키는 삶도 없을 그곳에서
천상병 만나 소풍 잘하고 계시면 좋겠다.
63세가 넘도록 살고 있는 나의 지금 세월은
천상병과 아버지의 몫이리라

鄉愁

검둥이가 짖는다.
꼬리로 짖는다.
내 발길 무겁게 오는 날도
낯선 곳 돌아들어도 짖었다
온몸 흔들며 짖었다
마을 길 끝나는 곳을 향해
추한 꼴 잘라 내려 짖었다

어디서든 검둥이 생각이
돌아누워도 귀를 막아도
미친 듯 달려들어 품에서 짖는다.
납작 엎드려 있는 고향 한쪽
평장된 검둥이 무덤 위로
이젠 내가 달려가 컹컹 짖는다.

울타리 돌면 꺾인 길
황토 먼지 일으키며 달리던 완행버스
그 뒤를 쫓아가던 검둥이와 소년
그곳에 없어도
고향엔 아직도 검둥이가 있다

바닷가 단상

고요나 때로는 거친 것이 비단 바다 일까마는 오늘 내가 보고 있는 이 일부의 바다는 너무도 아름답기만 한데 나는 왜 종종 여기를 찾아 극한의 생각들을 하는지

저 깊은 곳에도 산이 있고 골이 있고 생명이 있고 수평의 끝에 낭떠러지가 있고 그 아래로 추락하는 또 다른 바다가 있고, 고래는 산을 베고 잠을 자고, 무한의 그 깊이에서 한 번도 오르지 못하는 얇은 삶의 막이 있는지.

바다 한 뼘도 잘라내지 못하면서 바다에 서서 종일 바다를 들여다보다가, 바닷가 숱한 모래알보다 작은 미련 하나도 버리지 못하고 돌아서는 이 허튼짓.

잃어버린 것은 무엇이며 지금 나에게 남은 것은 무엇인가, 대답 없는 이 바닷가,

무겁게 빨려드는 저 노을을 건져 올려보려는 등 푸른 욕망 앞에 비틀거리는

인생아.

만리포 해무

바람이 등을 떠밀어
천 리 서해 만리포에 서다
자욱한 해무는 바다를 지우고
미처 지우지 못한 바다 자락은
휘어진 포구의 발치에 남아 찰랑댄다.

부표도 분간키 어려운 이런 날은
바다를 건져 올려야 하는
만리포 사람들에게만 적막일 진데
해무는 모르듯 저리도 천연덕스럽다

잘게 썰어오는 파도의 칼질 또한
모두 그렇게 살아온 것이라 하듯
小川 맑은 물과 몸을 섞는 간기는
비린 세월을 헹구고 있다

속내에 잠겨 슬피 우는지
속을 알 수 없는 만리포 해무
언제까지 이럴지
환한 세상 시리도록 푸른 날
어디쯤에 선가 오고 있겠지

태안 만리포 문학기행지 에서

채광석 詩碑 앞에서

짧게 그대를 보고 가지만
마음 선뜻 따라나서지 못하여 무겁다

아득한 해무 속에 선연한 "기다림'
원망의 눈물이 가득함을 보고 가노라

그대가 지핀 자유의 불씨가
외진 산골에서
맺힌 사연 구겨진 뜻들을 다리고 있다는
그대의 아픈 마음을 읽고 가노라

피어 더 피어나지 못하고 오류의 60년대
추한 역사의 올가미에 죄여 신음하다가
불의의 사고로 39세로 가버린 원통함이여

돌아가는 동안 순간이라도 잊힐까 봐
안면도 송림 공원 한쪽을 가슴에 품고
그대의 詩碑 기다림의 사연을
그대를 대신하여 등에 지고 가노라

존재의 비밀

생은
경烋의 우주 천체 그 일부에서
아직도 생성 중인 작은 물방울인지

살아있다는 것도 무언가에 조종되는
태초의 진행성 아니면 퇴행성 입자인지

물에도 뼈가 있고 바람에도 지조가 있을 법한
그 원천의 곳으로 흐르다
다시 돌아오는 건지 그대로 가는 건지

나, 라는 건 분명 신비다 조화다 상상이다
공전과 자전이라는 틀에서 다시 분열될지 모를
잠시 빛 속에 머무르는 먼지에서 먼지인지

죄인

홀딱 벗고
눈 딱 감았다.
아,
이제야 내가 보인다.

탁란(託卵)의 울음

5월의 봄밤에 울어라
바람 한 점 건드림 없이 깊어가고
촘촘한 어둠의 빗살을 비켜온
뻐꾸기 울음소리, 분명
산 한두 첩 너머에 있다

끊어지고 이어지고,
목이 메는지, 한참을 멎었다
다시 울어 쌓는다

자식새끼 버려두고
어디 갔다 이제 오나
꼭 그렇다.

둥지 없이 남의 집 신세 지는 것이
밤낮없이 제 탓도 아닐 진데
연고 없이 떠도는 이산 저산이 너무도 무거운지
뻐꾸기는 오월의 봄밤을 등에 지고
저리도 서럽게 울어쌓는다

글의 뼈

뼈도 말을 한다
마디마디 사연이 있다
몇 해 전 아버지의 뼈와
어머니의 뼈가 합장 되던 날

뼈들은 서로 엉키면서
사연들을 늘어놓기 시작했는데
나에 관한 얘기가 제일 많았다

음력 칠월 스무사흘 날 저녁

유세차 維歲次_____
가신 날을 다시 맞고 보니 슬픔을 금할 길 없습니다
불효자식이 오늘 간소하나마 재수를 마련 진설하고
부복하오니 강림하시어 흠향 하시옵소서

두 분 가시는 길 어두울까
지방과 제문지 불 밝히는데

아버지의 뼈, 어머니의 뼈
까맣게 탄 잿불 위에 꿈틀거리다
하얗게 남았다

내가 고한 간절함을 토닥이는
뼈의 환생, 글의 뼈였다

어머니

하늘에 구름 한 덩이
햇살에 등 휜 것이
어머니 닮았다
바람도 밀고 갈 수 없는
어머니다

어머니 힘내세요.
붉게 타는 노을 너머
아름답고 영원한
백야의 신천지로 흘러가세요.

이승의 모진 끈을 놓고
바람의 끈을 잡으세요.
어머니

외갓집

오래전 기억이 선명하다

산중 신선 한 분이 하산한다, 흰 수염 휘날린다. 전형적인 선비로 각인되어있다,

옥양목 두루마기 아래 발목 댕기, 하얀 버선발이던 외할아버지, 작은 키에 동그란 얼굴, 삼배 적삼이 잘 어울려 은비녀로 쪽찐 머리, 단정하던 외할머니도, 고명딸 우리 어머니도 이제는 生者必滅 다 빛바랜 흑백 사진 속에 있다.

옛날, 옛적에, 외할머니는 좀체 오시지 않았지만, 80리 관허동 뱀 길 같은 재를 넘어 새벽같이 집을 나서면 해 질 무렵 산 넘어 시집보낸 울산 딸 내 집 사립문 들어서시던 외할아버지는 하루를 묵고 또 하루를 묵고 가시곤 했는데 그 날은, 어머니는 꽃 바람을 탄 듯 분향을 뜰에 가득 피워 댔지만, 우린 영문 모르는 천덕꾸러기가 되었다,

하얀 이밥을 지어 주발에 소북이 담고 간고등어 굽고 쇠고깃국 끓이고 정종 주전자에 김이 모락모락,

달걀 한 알 덤으로 얹으셨던가, 굴뚝엔 어머니의 하얀 미소가 피어올랐다, 그냥 좋았다. 그래서 외할아버지 밥상머리에 앉았는데 본 대 없다고 어머니는 나를 끌어내려 했지만 허연 수염 속으로 하얀 밥숟갈 들락거리는 것이 신기하기만 해 나도 떼를 쓰면 아버진 뒷전이고 나는 외할아버지와 겸상이었다.

기억엔 봄날이었다.

하루 한번 오가는 완행버스를 두어 번 갈아타고 난생처음 어머니 따라 외갓집 갔다. 고명딸 맏아들 외손자 왔다고 나는 외할머니 치마폭을 벗어나지 못하고, 가끔은 외할아버지 무릎에 올려 져 툭툭 천정으로 튀어 오르기도 했고 앵두나무 촘촘한 외갓집 일가 상호 아재는 통나무 세 개를 잘라 만든 바퀴로 세 발 달구지를 만들어 나를 태우고 이집저집 끌고 다녔는데 어머니는 앵두나무 사이로 나를 보고 있었고 외할머니는 상호 아재에게 잔소리를 했다, 다칠라, 다칠라.

외가는 어느 해 태풍에 무너지고 외할머니가 무너진 집 더미에 묻혔는데 구사일생 살아나셨지만, 그 후 걸음을 걷지 못했고 얼마 후 큰 외삼촌은 고향을 버리고 경주 불국사 아래 입실이란 곳에 터를 잡아

사시다가 가셨다.

 그 후 많은 세월이 흐르고, 외갓집 후손들이 대학교수, 박사가 되고 대기업 사장이 되고 풍족하게 살 만하게 된 덕이 조상의 묘를 명당에 선 것이리라 했는데, 어느 날 갑자기 그 무덤의 산이 개발된다기에, 50년도 더 세월이 지난 작년 청명 한식날 외할아버지 묘를 고향으로 이장했다.
 늙은 외손자도 큰 손客으로 한몫이었지만 죽어 다시 일어나 또 어디로 옮겨진다는 것이 그리 개운한 일은 아니지만. 그러나 어쩔 수 없는 일이었다.
 그리고 그날 그곳에서 가끔은 생각이 나던 상호 아재를 만났는데. 서로의 얼굴을 기억하지 못했다.

 경북 경주군 양북면 와읍리 능골 외갓집은 없다, 동해 감포의 뱃고동소리에 작은 산골 마을 하나가 푸른 달빛에 잠기고, 가끔은 감골 백토 공장 물이 시린 물 한쪽을 흐르고 징검다리 건너가던 나의 외가.
 태백의 말미에서 벌목된 동바리를 싣고 500고지 관허동 잿길을 오르다 감포와 양북 사람들을 태우고 덜커덩거리며 경주 읍내로 가던 버스가 GMC 벌목차를 비켜서다 수십 길 계곡으로 굴러떨어지던 나의 외가.

나 죽으면 너의 외가가 보이는 곳에 나를 묻으라 한 어머니의 소원만 이루었다.

경주 강동면 왕신리 269번지 어머니 잠든 곳에 오르면 아, 그 어린 시절 살구나무 꽃 휘덮던 앵두나무 마을, 외가는 산하나 너머에서 이제는 낯선 사람들의 고향이 되어 있지만. 황혼의 이 나이에도 그립기만 하여 나도 죽으면 어머니 곁 외가를 볼 수 있는 이곳에 남겨지면 좋으련만. 세월이 그리하라 할런지 모르겠다.

나에 대하여

내가 무엇이었나
어떻게 여기 가을처럼 있게 되었나
무슨 짓을 했는지
언제쯤 내가 아니 되는지

인생이란 것에
막간의 광대이듯
간간이 스치는 것들이
유 무 그 중간도 아닌
정녕 쓸쓸한 나는 누구인가

언젠가 한번 실컷 울고 나서
햇살 한 장이라도 등에 붙이고
믿음의 벽이 그리웠다고 한
희미한 유추, 그게 나였을까

참으로 미지인 신의 세계에서 보면
나는 분명 만물의 영장이 아니라
존재가 아닌 허상일지
아니다, 도통 모르겠다
나에 대하여

가을 여정

누가 이 가을을 떠남이라 하는가
한여름 내내 여문 알곡의 저 넉넉함
높이 올라 끝 간대 모를 푸른 하늘에
하염없이 흐르는 흰 구름
어디 하나 유정의 시절 아닌가

바람처럼 덧없을 먼 여정 같아도
우리 언제부터인가 수많이 걸어온 길
돌아보면 청춘도 사랑도
때로는 태우고 비우고 품에 안은
그리운 시절 아닌가

인생의 끝이 어딜까
황혼에 물든 들녘을 걷다 보면
붉어지는 동행
때어낼 수 없는 이 가을을 따라
아름답고 영원하다는 천상으로 인도되는
감사의 계절 아닌가,

제2부 되돌릴 수 없는 세월의 강

뻐꾹새 비를 맞다
한계
유지(遺旨)
회한의 타이밍
고독의 사계
변명
아버지의 향수
하현달
뽀뽀뽀
어떤 유죄
메아리
길이 없다
비에 젖다
명당
가을비 오면
동학사와 갑사
국화 옆에서. 1
국화 옆에서. 2

뻐꾹새 비를 맞다

아이들 다 제 둥지 만들어 떠났고
핏기없는 물렁한 아내는
허물없이 벌렁 누워 잠이 든다

세월을 거슬러 오른 그 어느 지점
이산 저산 받아치며 울던 뻐꾸기
그날 같은 비 내리는 이 새벽

예전에도 저리 슬피 울었던가.
평생을 저리 살아야 할 울음 안에도
한 번쯤, 자지러진 웃음 있었을 터인데.

아―
나이가 든다는 것은 온 밤 홀로인
뻐꾸기 울음이다

한계

세월과 대작한 한 잔의 술이
나를 잡고 희롱한 것을
내가 알았다 한들

세월이 취한것인지 내가 취한것인지
죄 없는 허공에 따져 본들

스스로 가는 제 길 막아선들
새벽닭 울음 막을 수 있던가.

유지(遺旨)

이름 하나
평생을 부르다가
몸부림치다가 끝내
나 죽거들랑
네게 미처 다 쓰지 못한 편지
함께 태워
두어줌 강가에 뿌리면 된다.

혹, 그럴 수 없다고
산에 무덤을 짓거든
묘비에 시인이었다 하지 마라
밟히고 채이고
울음 한 번 내어지르지 못하여
행간도 연도 없는 길가
흔하디흔한 돌멩이로 구르다가
이젠 세상에 없다는 말
故 朴00 이라고 쓰면 된다.

이미 죽은 자에겐
아무것도 없는 바탕이고
그림자인들 어른거릴까
그냥, 어디 멀리 생전이듯
휘적휘적 가고 있을 거라고
기억하다가
잊어버리면 그만인
토씨처럼 외롭게 떨어진
나뭇잎 하나였느니라.

유지 : 죽은 자의 생전의 생각

회한의 타이밍

잘 살고 있겠지 했던 정화야
올여름 유별난 된더위 어떻게 났느냐
사랑했던 짝을 먼저 보내고
山寺에 들었다는 소식 들었다

전화도 버리고 주소도 지우고
부처에 귀의했다니
그토록 세상이 원망스럽고
그 사람 떨쳐낼 수 없더냐

가을이면 쓸쓸하고
겨울이면 적막하고
봄이면 생각나는 그 추억
어찌 감당하려고

산다는 게 별거 아니라고 박꽃처럼 웃던 너
잿물 승복에 절 마당을 쓸고 있을
어느 산사에 들었는지는 알 길 없어도
내일 줄금 줄금 장맛비 온다는데
눅눅한 요사채 아랫목은 고슬고슬한지.

비가 오거든
추녀를 흐르는 빗물 소리 듣지 말고
나뭇잎 위로 내리는 산비 소리도 듣지 마라
나무아미타불 나무아미타불 익숙해지면
정화는 연꽃보다 아름답게 성불하리라

속세의 연 모질게 끊은 사랑했던 사람아
뒤늦은 고백이구나
먼 데 있어도 내 곁에 둔 너였나니
내 마음 한쪽에 자작나무 한그루
아직 뿌리내려 있나니

혹 기억 속에 내 이름 지워지지 않았으면…,

고독의 사계

봄날은 간다.
남도에서 북악산까지 가는 동안
느릿한 여름이 자리하다 비켜서면
가을은 또 깊이 들었다가 떠나고
그 위 눈雪 꽃은 피겠지.
이제 난 무엇에 미련 남아 정을 줄까
가면 가고 오면 오는 것일
허망한 七旬의 사계

변명

고향에 누가 남아있을까

친구 몇몇은 이미
고향을 짊어지고 누웠을까

난 이렇게
낯선 도회지 만지작거리며
한가한데

아버지의 향수

오늘 당신을 따라나섭니다, 당신의 뜻입니다,
어느 모서리를 가까스로 지나기도 했고,
그만 바윗덩이에 부딪혀 퍼렇게 성이 난 날이면
잠시 비켜서서 멍 자국 지울 때까지 기다리곤 했습니다.

어느 좋은 시절이었지요.
나뭇잎 사이로 지나면서 새의 깃털도 빗겨주고
정오의 햇볕을 밀어낸 산그늘에 앉을 때면
나도 풀잎 하나 따서 풀피리를 불기도 했습니다.

세월은 어김없이 당신의 통로를 비워두고
지나갈 것을 기다린 것이 아니라
지나갈 것을 미리 알고 기다린 것입니다
어디까지 가셨습니까.

진흙밭을 걸어온 다리가 더는 못 간다 합니다.
잘못이 있다면 흙먼지 한 번 제대로 털지 못한 것
그게 잘못이었다 해도 지난 것은 무효입니다
잠시 말미를 준다면 더는 당신을 벗어나지 않겠습니다.

생의 맨 끄트머리까지 잘살고 있음을 보고
뒤에서 끌어안을 듯한 당신을 그리겠습니다.

하현달

오늘따라 유난히 당신이 보고 싶다.

어젯밤 조금 슬퍼 보이는
당신 같은 하현달
구름에 가려지면 애가 타고
구름 밀쳐 내면
살풋 가린 얇은 치마
당신 같은 하현달

잊힐만하면 바람이 불고
잊힐만하면 까치가 울고
잊힐만하면 빈 공중에 뜬 하현달

영락없는 당신이다

뽀 뽀 뽀

아버진 언제나 한정된 곳
한 길로만 평생을 다니셨다
밤마다 별을 셋으리

첫차가 오는 산모퉁이
막차가 떠나가는 정거장 쪽으로
객지 간 나를 기다렸으리

보릿고개 쌀 한 됫박 품고
강가 산이 우- 울면
눈물에 취해 잠이 드셨으리

끝내 말문을 닫고
뽀뽀뽀 알아듣지 못할 말 남기고
그렇게 가시고 말았다

내가 그 뽀뽀뽀의 의미를 알았을 때
억장이 무너진 가슴팍에
뽀뽀뽀 뽀뽀뽀 뿐이었다

어릴 적 아버지 손을 잡고
철길 다리 위를 걷다가
아버지 손을 놓쳐 떨어졌을 때
말을 잃은 아버지 품에 안겨
나도 뽀뽀뽀 했으리

어떤 유죄

아침 창을 열고 햇살을 들이다가
문득 생각이나 옷장의 문을 여니
그 사람 살내 물씬 남아 있다

오래오래 함께 하자 다짐한 것이
엊그제인데, 잊을 걸 잊어야지.
가고 없다고 이렇게 무정했을까

메아리

떠나고 나니
보내고 나니
보고 싶다

그대 우는 것도
내가 우는 것도

길이 없다

종일 비가
아득아득 산을 밀어내면
미친 듯 달려가던 그 길의 끝
그곳에서 비에 젖던 당신

눈이 종일 길을 막고
눈꽃이 소복소복 피면
그리움이 그 길의 끝으로 가면
어질러진 당신의 발자국,

비는 멎고 눈꽃도 없고
그 길의 끝에 당신도 없다
이젠, 내가 젖고 주저앉는다.

사랑했다. 얼마나 사랑했는지
길의 끝 가고 오던 내내, 꽃이 되기도
아낌없이 타는 황홀한 단풍이기도
그러나 이젠 이 모든 것이 한참을
나를 슬프게 한다는 사실이다

비에 젖다

아스팔트 위
자동차 바퀴에 찢어지는 빗물

이런 날 쓸쓸한 사람이라도 좋다
누군가 오면 좋으련만

해지고 어둠 드는데 어쩔까
날 두고 재 넘는 비야

명당

먼 산을 배경으로
귀 기울이면
휘어져 흐르는 개울 물소리
가끔은 바람에 드러눕는 풀잎

다 둘러 오려면 한 낮쯤 될
평사리 같은 들녘
펑펑 눈이 내려 쌓인 겨울이면
저 모든 경계가 허물어진
내 안의 뜰

아침이면 새소리
해질녘 뒷산에 비둘기 구구구
남향인 빨간 벽돌집 2층 서재
깊고 푸른 밤 아내는 잠이 들고
나는 새벽까지 시를 쓰는.

가을비 오면

어느 날 한마디 말도 남기지 못하고 가버린
당신이 생각납니다
꽃잎에 가을비 차갑게 내리던 날
저 꽃잎 되게 춥겠다, 하던
당신의 슬픈 목소리 들립니다
육신은 소멸하여도 영혼은 불멸이라 합니다
어디선가 나를 보고 있을 당신의 영혼을
끌어안아 봅니다
내 가슴에 무덤 하나 지어놓고 당신을 가두어 두었기
때문입니다
이젠 그 철없던 아이들도 어미 아비 되어
나의 품을 떠나 있지만
그들에게도 당신의 무덤을 지니고 있을 것입니다
그립고 보고프고 사랑한다는 그리고 늦은 용서를 비는
나보다 더 큰 추모의 비석을 세워두고 있을지 모릅니다
이렇게 그날 같은 가을비 차게 내리면
가슴에 박힌 비문의 이름 세자에도 비가 내립니다

동학사와 갑사

아침 8시, 갑자기 어딘가 가고 싶었다.
목적지는 가다가 생각나면 정하리라 하는 내 방랑벽 방식이다.
우선 카메라를 점검하고 마음 우울하면 찾아 서던 삼랑진 낙동강 다리를 지나 신 대구고속도로에 차를 올렸다. 80, 100, 때론 160의 속력이다. 46년 무사고 실력이지만 안전에 대한 경계는 늦추지 않는다.

추풍령 휴게소에서 소문난 그곳만의 별미인 칼국수로 늦은 아침 겸 점심으로 대신하고 영동으로 나가 무주로 갈까 보은을 지나 법주사로 갈까 고민하다 내심 정한 목적지는, 계룡산의 동학사, 물론 갑사도 가보고 싶은 곳이지만 시간이 될지 모를 일이다.

흔히들 주마간산이라고 하지. 나도 예외 없이 지나가면 잊어버릴 차창 밖 풍경들을 뒤로하고 동학사 입구에 도착하니 오후 2시 주차장에 차를 두고 30여 분을 걸어 동학사 경내에 도착, 우선 대웅전 부처 앞에 넙죽 엎드려 삼배하고 또 다른 경내의 부처를 찾아다니며 넙죽넙죽 이승의 죗값을 현금으로 면죄 받기를 간구 한다, 천원? 오천 원? 만원? 의 시주 길은 나를 잠시 갈등의 시험대에 서게 하지만 이곳에서 내 것이 어디 있으랴, 중이 먹어야 절이 있고 절이 있어야 중생의 고뇌를 벗어던질 수 있지 않을까. 마음을 비우고 만 원씩 불전 함에 넣었다, 마음이 가벼워진다, 이것이 바로 해탈이다.

음지의 산자락에 잔설이 남아 알싸한 날씨임에도 절 마당의 양지쪽 목련은 이미 솜털로 갈아입고 개화 준비를 하고 있는데, 때 되면 누가 오라 하지도 기다리지도 않는 자연은 저렇게 순리로 흐르고 있음이다.

나처럼 풍경을 배경으로 사찰 이곳저곳을 사진 속에 담고 있는 이도 있고 이따금 젊은 연인들 다정히 앉아 인증샷 중이고. 등산객 무리무리는 양지쪽에 앉아 하산 휴식을 하고, 불공을 마친 보살들은 삼삼오오 구비 길 저만치 돌아 나가고 있음을 보노라면 사는 것이 다 저럴 것이면 얼마나 좋을까 생각하게 한다. 어느 사찰이든 그에 걸맞은 유래가 있고, 때로는 불가사의한 전설이 있어 그 나름의 영험이 있다 하여 고뇌를 짊어진 중생들이 그 짐들을 벗고 소원을 빌고 하나라도 해탈하려 찾는 곳이지만 오늘 나와는 사실 무관하다.

물소리 바람 소리 새소리 그리우면 그립다는 핑계로 훌쩍 떠나버리는 일종의 도피일 수도 있다, 살다 보면 나무에 연 걸리듯 날지도 못하고 발만 동동 구를 때가 얼마나 많던가 계곡을 가로지른 수석교 난간 아래 암반 틈사이로 흐르는 맑은 물소리가 청아하다.
하나 둘 사람들이 다 떠난 절 마당을 산 그림자 절반을 덮고 있는 중이다.

동학사를 내려 귀가를 생각했으나 내친김에 다시 갑사로 향했다. 내장산의 단풍과 버금간다는 그래서 봄에는 태화산 마곡사가 있고 가을에는 계룡산 갑사가 있다하여 春麻谷秋 甲寺라 했었다. 닭鷄과용龍의 품속에든 계룡의 품에 안겨보는 것도 또 언제 올지 모를 길이라, 오늘이 참 좋은 기회라 생각했다, 동학사나 갑사에 대한 대충의 정보만으로 찾는 것이 장님이 코끼리 등 만지기겠지만 이 또한 나와는 무관한 오늘이다. 그냥 무심이다.

주차장에서 갑사로 가는 길도 제법 멀었다. 수백 년도 더 되었음 직한 노목들이 하늘을 떠받들고 갑사로 통하는 길을 내어주고 있었다. 20여 분을 걸어 경내에 들어서니 아무도 없다. 눈이 녹아 질퍽해진 뜰에 어지러이 발자국들이 남아 있는 걸 보니 이미 몇 몇 사람들이 다녀간 흔적이고. 다들 먼 길 온 것이기에 산중 해 넘기 전 서두른 것 같다. 계룡의 품 안에 담긴 갑사는 인적마저 끊겨서인지 동학사와는 대조적으로 잠자듯 엎드려 있었다. 나지막한 요사채에서 하룻밤 묶고 싶었다.
 이미 해는 지고

- 斷想 -

鷄龍의 품에든 갑사
세월 흐름도 잊은 듯 단청이 고와라
속세를 떠나 외로움의 천 년에
바람인들 구름인들 옛 그대로

인간 백 년사
바람에 휘어지고 꺾어지고
한번인들 저토록 고왔을까
갑사에 서니 다 부질없음이다

오늘, 속절없는 마음 한 자락
스님 오르는 댓돌에 올려놓고
굽이쳐 내리는 저 무심의 물길 따라
세속 깊이 다시 가려니

계룡의 갑사여 이것도 인연이다,
내 마음 한 번이라도 잡아주면
속세로 가는 천근의 발걸음
가벼울 터인데

겨울의 끄트머리 햇살이 산을 넘어 갑사도 어둠에 든다. 얻은 것이 무엇이며 버린 것이 무엇인가, 돌아보니 어느 사이 구비길 뒤로 갑사도 자취 없다. 마음이 저만큼 앞서있다.

화려한 불빛 도시 대전 시내를 빠져나와 고속도로에 차를 얹으니 무한의 속도들은 오직 달려야 한다는 것에 집착되어 있다. 그래, 언제는 달리지 않았던가, 움직이고 뛰어야 했던 나의 일생이 교차하는 빛들마저 미친 걸음처럼 어지럽다.

밤 11시 속세의 현관문을 들어서니 아내의 방에는 TV가 켜져 있고, 어디 갔다가 오는지 여느 때처럼 묻지도 않는 것이 당연하다, 나도 아내도 오류를 범하고 있다

2013년 2월 15일

국화 옆에서. 1

아, 나는 누구인가

네 옆에 서다
온 밤 뭇 서리에 젖은 가련함이여
부산히 드나들던 벌, 나비도 떠나고
기러기 울음, 벌레 울음만
하늘과 땅 사이에 가득하여라

하루 볕에라도
환히 드러내 보이려는 가슴의 연민
긴 여정 짧은 생애 다둑다둑 품어주고 싶어라
가자, 갈일 뿐 한 발 앞이 찬바람이다
더는 그리워질 게 없다,
까맣게 남긴 사연 누군가 거두겠지

국화 옆에서. 2

내 한 줄금 눈물로도
함께할 수 없는 것이
마당 한쪽 홀로 피었다

무던히 덥던 지난여름
혼절과 치유의 반복에서
홀로 일구어낸 지조

메마른 땅에 내린 핏줄로
버틸 만큼의 몸을 말린
눈물겨운 청순함

따사로운 가을 햇살에
기다림처럼 피어 살다가
어느 날 꼿꼿이 선체로 잠이 들
너 이름 국화

제3부

오류 그 분노

大韓民國 主所
개뿔
망배단
희롱
강의 울음
치매
땅따먹기
똥
뱅뱅
실화(實話)
착하다
고독
바다 세상
시집
거미의 편지
댓글
탈
병동에서
맞다 맞다
후레자식
가을 뜰
나, 가면

大韓民國 主所

2013年

史草 실종

秘密 누설

悲運의 행진 王의 종말

全斗煥 비자금

從北 세력

정치판 개판

宇宙道 世界市 개똥區 지릴洞

6천만番地

수취인 부재

무궁화 배달중지

개뿔

 투쟁에 지친 주인이 며칠 만에 들어오길래 반가운 나머지 엉겨 붙어 아양을 떨었는데 개새끼 옆구리 걷어 채였다
 나에게도 뿔이 있음을 알았다, 뿔 앞세우고 정원 분수 옆에 숨어 들어앉으니 갈비뼈 통증은 고사하고 이유를 알아야 하겠기에 발단을 추리해 보았다
 어느 방송국 진단을 보니 투쟁의 목적이 몰매 맞을 소리, 애국충정이 아니라 하고 또 어느 패널은 선점을 위한 영역 표시라 하니 짐승도 아니고 알쏭달쏭 미로 같은 퍼즐게임 같다.
 단 한 가지 확실한 것은 원하지 않았는데도 국민이 원하여 라고 국민 이름 앞세운 거다.
 서너 시간 후 주인아줌마가 배시시 웃으며 배웅하고 돌아서길래 뿔 감추고 천연덕스럽게 꼬리 치니 응야응야 남은 정 목덜미에 들어붓는다.
 여자가 좋다, 뿔이 쏙 들어가 버렸다, 그렇다면 여의도 마당에 저 뿔들도 여왕 납시면 되려나? 알쏭달쏭 개뿔이다.

망배단

꿈에라도 가고픈
붙박이 같은 고향
내려놓을 수 없는
고통의 등짐이다

고단하면
잠시 베고 눕기도 하지만
그때마다
새벽녘 어머니의 온기
왈칵 눈물이다

상봉의 길
강 건너 지척인데
이념의 벽 너무 높아
오늘도 망배단 향불 앞에
통곡하는 실향

내 고향 저기다
손 뻗으면 촉촉이 젖는
어머니의 눈물
매콤한 굴뚝 연기

희롱

손끝
혀끝
좆 끝으로

수천억 장난
증인 불출석 죄목 벌금이
고작 일천오백만 원
국민 두당 삼십 전 위로금
에라이! 똘아이!

희롱하는 놈이나
희롱당하는 놈이나
손톱 밑 코딱지 먹어라
구렁이 혀 빼 먹을 놈
참으로 좆같다

강의 울음

천삼 백 리
낙동강 둑에 오르면
거침없이 바람이 지나가고
그 자리에 흐르는 생의 비늘
슬픈 무늬가 운다

슬픔이 지루하여

내려서 올라치면
분노의 이별 같은 것이 앞서
아주 잠깐 머물다 가라 하니
오르나 내리나 울음이다

울음도 지루하다

보지도 듣지도 말까지 못하는
천치 같은 낙동강 둑에만 서면
모두는 이 시대의 오류를
병인 듯 끌어안고 있다.

언제까지 저럴지는
아무도 모를 일이지만
비겁하게 침묵한 자
분명 저 내력을 알고 있는데

통곡하는 낙동강 피의 울음
그대들은 왜 듣지 못하는가

치매

슬프다 그냥 슬프다
어쩌다 되살아나는 본능은
굶주린 짐승이다

되뇌는 언어는
우주 먼 나라와의 교신 부호다
비밀이다

육신은 허기뿐
살아있는 자에겐 눈엣가시로
들고 날 때마다 고통이다

인연 끊기의 잔인함이다
산목숨 죽이기
묵인된 부패의 속도다.

땅따먹기

남녘 백성은
어디로 가야 온전할까.

신화에 젖은 북녘 백성은
막연하나마 꿈을 꾸고 있다

토막 난 한쪽이라도
그래
확 뒤집어 놓고 금 긋자
전라도 경상도 충청도 강원도 경기도
나는 독도다.

똥

정품
노르스름하여 향이 짙다
말랑말랑하여 젖살 같다
가래떡 내리듯 거침없다

저질품
잡것이 엉켜 구린내 진동이다
토막토막 거뭇거뭇
찢어지는 아픔이 있다

정의
공화국 백지수표 돈다발
악취진동, 악취 A, B, C,
다 개 犬지요? 보신탕집 나리
난 닭이오.
항생제 덩어리 출구가 없다
똥이다

뱅뱅

밤 내내 시편을 배회하던
허름한 사내는
오늘 하루 또 어디까지 갔다가
돌아오게 될지를 생각하다가
갈색 커피에 흰 구름 한 포대기
쏟아 붓고 휘 젓는다.
뱅뱅 도는 원심 블랙홀
그래 맞아
세상 돌아가는 꼴 난장이니
뱅뱅 돌아버리는 것이지

실화(實話)

불알친구끼리 단골집에서 만났다
물론 안주는 음담패설이다
건설적인 얘기는 재미가 없다
거두절미, 본문은 없다.

난 포클레인 된지 40년째
야, 너거들 잘 되냐? 호통에
별, 응수가 없다,
취중도 자존심이 있다

함께한 전직 의원도 불알이다
그러나 하나같이 정치 얘기 없다.
세상 분별에 도통한 놈들 아닌가
도우미만 무차별적 희롱 타켓이다.
고소당하면 모두 감옥행이다
전자발찌 감이다

빙빙 취하고
삼겹살이 돌아눕다 못해
뻣뻣한 개죽음이 된다
곤드레만드레 소주병 드러눕는다
숯불 사그라지니 창에 해 그름

황혼의 저 불알들 축 늘어뜨리고
주검처럼 어둑한 귀갓길을 찾는다.
아름다운 무언의 우정
오래오래 만수무강해야 하는데

뒷골목 가로등
저 헙수룩한 황혼들 내일 무사하려나
등 뒤에서
삐딱하게 웃고 있었다

착하다

철부지 아이 하나
핵폭탄 터뜨리겠다는데
남새밭에 고추 묘 심겠다고
쇠똥걸음 갈아엎는 속없는 아내

섞을 놈들 또 선거란다
도대체 뭐 어쩌자는 건가
줄줄이 빌붙어 세금 축내는 놈들
아내는 알 바 아니란다

보궐 선거하던지 지랄 선거하던지
핵폭탄 남새밭에 떨어지던지
우직한 아내 궁둥이에 붙어서 나도
쇠똥 밭이나 갈아엎어야겠다.

가을에 거시기 같이
터질 듯 약 오른 빨간 고추
굵고 싱싱하면 농사 잘 지었다고 좋아할
아내 궁둥이 툭 한 번 쳐 주어야겠다

고독

밤 내내 울음으로
뒤란을 휘젓던 도둑고양이

눅눅한 밤을 걷는 새벽이 오자
뒷담 넘어간다.

욕정이란 짐승도 때로는
저럴 것이지

바다 세상

바다의 소리는 구겨지는 파도가 만든다.
그것은 그늘 하나 없는 아름다운 파장이다,
막 떠오른 햇살과 달빛과 한가한 바람과 구름
이 모두와 함께하는 파장은 아름다운 배경이다
아직은 그렇다고, 그러나

쓰레기의 퇴적이 무덤을 만들고 있다
노출의 타락이 벗어 던진 하의가 떠 있다
지구의 핵과 인간이 만든 핵은 충돌 직전이다
씽크홀, 블랙홀, 쓰나미, 토네이도의 속도
모든 것은 한계치의 눈금을 넘고 있다.
빙하가 잠식한 바다는 맹물이 되어
간기를 밀어내고 부패의 속도에 채찍을 들었다

미상의 주검들을 돌돌 말아 쥔 극단의 파장
파도는 속이 탄다,
언젠가 내가 본 단풍 같은 바다는
이젠 그 어떤 환희의 배경이 아니다
차츰 사라져 가는 바다의 소리 슬픈 울음이다,
멸망이다, 순간 하예졌다가 까메지는 종말이다.

시집

교보 서점 구석에 그대로다,
시인이 없고 시가 없고 문학이 없다 해도
자존심 하나는 당당하다

산삼 녹용 불로초 다 버무려 놓은 것이
난장 좌판에 허옇게 죽은 갈치 한 마리 값도 안 되는
씨 부랄, 고작 팔천 원

주인공이 한참을 서성이다 나가면서
하는 말, 미친 짓이다,

거미의 편지

하늘과 땅, 나무와 나무 사이
바람이 지나는 길
목 좋은 곳에 그물을 쳐놓고
생목숨 하나 기다리고 있다.

어차피 제 명 다 누리지 못하고
죽을 놈은 한평생
목 좋은 곳만 찾는다는 사실을
미물인들 모를 리 없다.

내가 놈의 뼈를 발라내는 사이
누가 내 등을 노리는 것이
나보다 더 큰 그물을 가진 놈이라도
지금 나에겐 성찬이 필요한 현실이다

고작 일 년을 살자고
열두 번의 변신을 하는 나의 생을
아무도 알아주는 이 없는 것이 분하지만
끝내는 이 세상의 폐가에서
더는 죄짓지 않고 모두를 용서하고
가는 듯 자는 듯 떠나는 일이 나의 몫이라
무심도 용서할지니

두고 봐라
한 번은 천둥소리 날거다

댓글

던져놓은 사랑 한 줄에
덥석 누군가 물고 늘어졌다
연분홍 글씨 눈물 젖은 초서체의
연서를 줄줄이 물었다

달짝지근한 미끼의 현혹도 아니고
청사초롱 매단 것도 아니다
슬금슬금 담 너머 염탐한
발정의 수캐들이 컹컹 짖어댄다

신이 났다
살금살금 놓았다 당겨주면
그네를 탄다
비릿하여 탁 끊고 싶지만
세상이 요지경 그럴 마음 없다

탈

한 점 구름, 한 자락 바람이다
속내 없이 떠도는 허망한 몸짓
웃음에 울음을 실어 미치기도 하고
통곡으로 혼을 부른 신명의 넋이다

엎치고 뒤치던 인생살이
동서남북 천지간에 어지러이 퍼질러 놓고
오늘이 이승과의 마지막이듯
거짓 술에 취하여 비틀거리는 그림자.

병동에서

환자는 말없이 보고 있다
유리창에 부딪히는 햇살에 손을 내밀고 있다
길, 저쪽 비탈에 기대어 하루를 마감한
공사 중 콘크리트 회색 몸통 그 위
고공 크레인이 끌고 있는 한 가닥 그늘에서
지나온 시공의 간격을 가늠하고 있다

수술실 천장에 매달린 회전 불빛을 애써 외면하고
어둠의 통로로 육신을 들이밀고 기다리는 잠깐의 죽음
하얗게 나동그라진 영혼 위로 희미해지는 소리
어쩌면 영원일지 모른다는 두려움으로
지나갈 시간의 간격을 가늠하고 있다

결국은 깨어 있음의 흐릿한 천정을 보게 되고
병동의 출구를 막아선 기약 없는 시간을 뒤척이며
구름 속으로 날아가던 새떼의 자유를 상상하고
다시 햇살과 함께하려는 눈물겨운
현재의 간격을 애절하게 좁히려 하고 있다.

맞다 맞다

1
죽이고 살리기가 팽팽하다
지하 장례시장 저승사자
지상 병동의 doctor

2
난 개발에 무덤도 없다
빌어먹을 세상
묻지 마라, 생각 중이다

3
죽고 못 산다 달려들기에
날 잡아봐라 도망갔더니
어? 가고 없다 웃기는 일이다
세상이 어떤 세상인데

후레자식

연세 年歲를 들먹거리며
소식해야 하고, 간기 줄여야 하고,
규칙적인 운동을 해야 하고, 비타민도 먹어야
하고 노인수칙 필독해야 한다는
눈물 나도록 고마운 말씀이지만
내 나이 몇인데?

  세계에서 가장 위대한 한글을 앞글자 한 자씩만 붙여 우주인과 교신하더니, 이젠 알파벳 첫 자와 한글 첫 자를 붙여서 연세들을 고립시키고 훌러덩 벗고 백주대로 활보하는 말세에 무슨 미련이 있겠느냐마는, 이 한 마디는 꼭 해야겠다.
옜기, 후레자식

가을 뜰

제 몸 부풀려 위로 밀어올린
생의 절정이 정지된
저 너른 뜰에
새들이 날아들어
툭툭 불거진 풍요를 쪼아 댄다.

떠날 때를 알아 훨훨
긴 여정의 채비에
몸 뉘인 들풀도
버려진 지푸라기 하나도
홀가분하게 잠들 것이다

달빛 아래 찬이슬 가볍게 내리고
풀벌레 풀 섶에 들어
경건한 여백의 세상이 되는
자연의 섭리
한 점 부끄러움도
한 올 미련인들 있을까

나, 가면

미련 하나라도 따라나설까 몇 번이고 돌아보고
그래도 아닌 것 같아 내 그늘까지 지워버리고
저 노을 속으로 들면 그래, 어서 오게 반겨줄까

제4부
환한 세상에 꽃은 피고 지고

정
조개구이
순간
봄바람
봄의 길목
양각 그림
매화마을
연분
벚꽃 여정
필연
무죄
울보 사랑
꽃과 나비
행복의 조건
실없다
올가을에는

정

한 번은 웃다가 가고
또 한 번은 울다가 가고
이젠 다시 오지 않는다고
이게 정말 마지막이라고
매섭게 잘라 패대기치더니
그런데 그놈의 정
칼로 물 배기라고
이젠 갈 수 없다 하고
퍼질러 앉는 미운 정 고운 정
허허 참, 사랑이더라.

조개구이

휴대폰 투덜대기에 받으니
울산 친구 둘 짝짝,
야들야들 조개구이 먹고 있다가
내 생각나서 전화 한단다

천 리도 넘는 길인 변산반도
한나절 길이라면 당장 가겠건만
지금 밖에는 봄비 내리고
날 저물어간다

산다는 게 별거 아니다

이런 날 먼 기억 잘근잘근 씹듯
밤에는 삶은 조개
낮에는 구운 조개
조개구이 제격일 터

순간

후다닥 선홍의 볏을 물고
등을 탄 수탉

날개 한 번 신 나게 치고
아무 일 없었지

꼬꼬꼬, 꼬꼬댁
밤 내내 희열로 잉태한
노오란 달덩이 하나
아침상에 올랐다

진간장에 참기름 한 방울
기막힌 맛
순간의 오르가즘이다

봄바람

갯내 배인
남해의 동백 이파리
해풍을 물었다
아픈 한 생을 건너온
힘든 여정이
순천만 갈대 품에
꽃 바람 풀어놓고
사랑놀이 신이 났다.

봄의 길목

봄비 지나간 자리
매화 가지마다 꿈이 돋는다.
남새밭 여기저기 봄동이 일어나고
푸릇푸릇 산이 마을로 내려온다.

새들이 앉아 노닥거리는 가지마다
투둑, 꽃눈이 터지고
푸드덕 지붕 위로 날아오른 새
갸우뚱 그리움 물었다

양각 그림

누가 보아도 무방하겠지만
혹시 더러운 손때 묻을까 봐
빈 공중에 당신을 그려 놓았다

다들 사랑에 빠지면
지독한 열병에 한 번쯤은 앓는다는
그런 사랑도 그려 놓았다

울고 싶으면 토닥토닥 달래주는
웃고 있으면 따라 웃는
미운 질투도 애교로 그려 놓았다

나도 지우지 못하는, 우리 사랑
생에 딱 한 번, 이 세상에 둘도 없다고,
빈 공중을 깊게 파서 그려 놓았다

종일 함께 하다가 밤이 되면
내 품에 슬몃 쓰러지는 아늑한 체온을
나만 느낄 수 있고, 어디서나 가질 수 있게
투명한 양각으로 그려 놓았다

매화마을

섬진강 기슭 작은 마을
서두른 눈꽃 톡톡 불거진 것이
내 누이 작은 젖꼭지 같아라.

수줍어 붉고 여린 것이
더는 참을 수 없어
울컥 쏟아낸 연분홍 순정

마침내 하얗게 웃다가
아낌없이 발아래 흩뿌린 흔적
바람이 달려와 감싸 안고
행복하여라

어느 한 사람의 부끄러운 과거가
당신을 생각하는 내내
피어 살아있다는 것이
참으로 행복하였어라.

연분

희미하게나마
남는 자의 마지막 인사와
무덤 안으로 울음을
끌고 갈 수 있다면
당신은 멋지게 산 거다.

해마다 꽃이 놓이고
훗날 꽃의 임자가
곁에 온다는 확신이 있다면
당신은 꽃 중의 꽃 하나에
목숨을 걸었다

벚꽃 여정

화개에서 쌍계사
십 리 길에 피었다가
섬진강 굽이굽이 흘러내려

진해의 장산 기슭에
터질 듯 부풀다가

경주 보문에 들려
천 년 향기에 취했다가

군산 백 리 길에서
한도 없이 웃다가

마침내 천 리 길 한양
여의도 윤중로 하늘 아래서
바람난 여인처럼 절정이다.

필연

떨어진 꽃잎이
머물렀던 자리를 올려다보고.

머물렀던 흔적 그 자리가
꽃잎을 내려다보고.

나는 꽃잎 그대는 흔적

무죄

아침 맑은 햇살 따라
당신 생각으로 길을 걷는데
간밤에 내려 고인 빗물 쪽으로
차 한 대 지나면서 튕긴 흙탕물
피하지 못했습니다.

죄진 것도 아닌데
날벼락이라 난처했습니다.
빗물도 죄가 없고
차의 속도인들 무슨 죄이겠어요?
원죄는 당신 생각
판결은 무죄입니다.

울보 사랑

내 앞에 서면
그대는 철없는 어린아이 되고
그대 떠나면
나는 울보가 된다.

먼 데 있으면 가까이 서고
가까이 머물면 멀어져 뵈는
안갯속 같아
애만 타는 울보

그대여
보고 싶다, 이 말 들리는가.
그대가 보고 싶다 하는 말
심장에 꽂히는데

어이하랴
울어서 될 일도 아닌
우리 사랑 울보

꽃과 나비

꽃이 될래
나비가 될래
아무려면 어떠랴
그대 꽃이 되고
나는 나비 되어
그대 향기 머금고
사계의 하늘을 날아
그 어딘가 있을
피안의 세상을 찾아가는
그대와 나
꽃과 나비가 되자

행복의 조건

문득 보고 싶어서
지금 올 수 있느냐 물었을 때
네, 지금 갈게요
그런 사람 있다면

삶이 고단할 때
밤차에 어깨를 맞대고 가서
새벽의 바닷가를 걸을 수 있는
그런 인연 있다면

아련한 추억을 떠올리며
서로의 안부가 궁금하고
언젠가는 만날 수 있겠지
그런 기다림 있다면

보고 싶고 그리운 사람
그 한 사람의 일생이
어쩌면 나에게 온다는
그런 확신이 있다면

실없다

지금 내가
유서 한 장 없이 죽었다 하자

일손 놓고 허둥지둥 달려올 놈
단 5분이라도 울어줄 년 있을까
분하고 애석하다 땅을 치던지
고생문 닫고 잘 죽었다 손뼉 칠까

지금 이 글을 읽는 당신은
무슨 생각을 하실까?
오늘 아침 이 엉뚱한 생각에
비에 푹 젖은 산도
뜬금없다는 듯 웃는다
하 하 하.
.

올가을에는

허수아비 하나쯤 외로워진
너른 들녘 그 사이 가르마 길을
당신과 걷고 싶다

산정에서 수줍게 물드는 단풍이
절정에 다다르면
우리 사랑 불태워도 좋으리

한들거리는 코스모스, 들국화
너무 푸르러 눈이 시린 하늘
이 모두가 조금은 슬프게 느껴져도
당신과 함께라면 아랑곳하지 않으리

둘이서 걸으면 딱 알맞은
냇가의 호젓한 둑에 올라
들꽃 훔쳐 꽃반지 만들어
당신에게 끼워 주고
나는 당신의 입맞춤을 허락하리라

올가을에는

제5부 내 가슴에 연민이여

해남 아이
굴렁쇠
마지막 밤
外島의 情
잊어야지
어느 날 일기
속죄
기다림
당신이면 좋으련만
파랑새
초파일
임자도의 아침
후회
파도
아침단상
바람과 구름이 머문 자리
김해에서 강촌까지

해남 아이

해남 땅끝의 새벽을 나와
목포역에서 첫차를 탔다는 연락을 받았다
용산역에서 내려 3호선 지하철을 타고 다시
택시를 탄다고 했다,
해남에서 서울까지

마음이 짠해지는 것은 오늘 아침
누군가 떠난다는 생각 때문만은 아닐 것이다
늘 그 자리에서 한 사람만을 생각하고
언제라도 달려가면 거기 있을 거라는 것에
혹 돌아오지 못할 사정이 생기면 어쩌나

차창 너머로 흐르는 낯선 풍경을 보고
복잡한 서울을 비집고 들어설 해남 아이
목적지를 쉬 찾을 수 있을지 상관없는 기차는
지금쯤 흔들거리며 달리고 있을 것이다

언제나 푸른 바닷냄새가 나는
환한 봄이 왔다고 꽃잎이 머금은 향기를
제일 먼저 보내주던 해남 아이
오늘 아침 더 가까이 더 세게 끌어당기고 있다

굴렁쇠

갈 수 없다 해도 가끔은 그곳 언덕에서
한낮을 달려오던 기차를 보고, 마음은
정거장 마당에 서서 아련한 기적을 듣는다.

저문 가을, 노을 속으로 무리 지어 날던 기러기
보이지 않을 때에야 섦게 돌아서던 이유
나. 그곳에 있기는 있었는지 찾아가고 있다

알몸으로 뒹굴어도 좋았다, 그 너른 들판
아무리 달려도 지칠 리 없는 강둑길로.
지금 나는 굴렁쇠 굴리며 달리고 있다

마지막 밤

애인아
사월의 생명이 아픔의 시간을 잘라먹고
오월의 산야를 녹색 지대로 숙성시키는 동안
나는 참으로 바보짓만 한 것 같다

끝내 갈 데까지 간 이 밤중에
잠들지 못하여 중심을 놓치는 일이나
꽃보다 아름다운 당신이 다녀간 마당에
개구리울음만 잔뜩 들여 놓은 일

이젠 어쩌라는 것인가
애인아. 우리 은밀한 약속을 하자
오월의 이 마지막 밤 취해도 좋겠다
이별 따윈 묶어놓고
꽃잠에 들어 일어나지 말자

外島의 情

얼마 전
서해 태안 바닷가에서 조개구이 먹고 있다가
내 생각나서 전화했던 그 친구 짝짝
지금 거제 외도가 보이는 해금강 호텔 로비에서
또 내 생각난다면 전화를 주었다.

삼복에 만사 제쳐놓고
좋아하는 사람과 바다를 보고 있다는 것은
상상만 해도 아름다운 그림이다.
새콤. 달콤 초고추장에 바다 한 점 푹 찍고
소주 한 잔 캬-, 곁들이면.

고맙다 친구야
오늘 밤 외도의 밤이 푸른 파도에 휘감기고
별이 쏟아져 내리는 해안을 한껏 걷다가
외도의 품속 깊이 들어 황홀하여라.
그리고 조용한 아침의 여명을 맞으라.

잊어야지

우리 인연 여기까지
참 많은 세월 행복했어요
돌이켜보니 그 세월
문학이 어떻고, 시가 어떻고
인생이 어떻고 삶이 어떻고
숱한 얘기들만 남았어요.

삶이 다 하도록
못 잊어 하다가
누구 하나 먼저 그리움 두고
하늘나라로 갔다는 기별이라도
들을 수 있기를

눈꽃 속에, 봄꽃 속에
푸른 산하 단풍 길에 남긴
추억의 발자국
기억하지 말아요.
우린 여기까지였어요.

어느 날 일기

떠나버리고 없다는 생각을 하면
나뭇잎 흔들고 지나가는 바람처럼
그냥 쓸쓸하고 허전하다.

보이는 것 모두가 제자리 그대로고
때로는 지나가는 것들인데
무슨 악연인지 이리도 아픈가.

그래놓고 어젯밤 꿈속에는
왜 다녀가는지 모를 일이다
아침 커피 한 잔 놓고
어젯밤 너를 들여다볼 수 밖에

속죄

그가 봄 길을 걷는 꿈을 꾸었겠지만
나는 얇은 백지 같은 그의 꿈을 고이 접어
아무도 함께하지 못하는 길로 가서
영원한 꿈속에 묻어두었다

그리고 해마다 봄이 오면
꽃 한 다발 안기고 마주앉아 술 한 잔 나누었는데
세월이 흐르니 육신도 영혼도 꿈이듯 희미하여
마음이라도 그 길 찾을까 모르겠다

해는 기울고 황혼이 저토록 아름다울 줄이야
예전에도 그랬을 터,
아
보고 싶다, 당신

기다림

마을 어귀부터 빗질하고
들풀을 가지런히 세우고
물 조리개로 촉촉한 길을 만들고

6월의 풀색 마당에 들어서면
나는 맨발로 뛰어 나가리라

그러나 이 모든 것에
당신이 오지 않는다면
나에게 무슨 의미가 있으랴

당신이면 좋으련만

누구라도 오고 싶을 때는 오고
보고 싶을 때는 다녀가면 좋으련만
2층 서재에서 내려다보면
조금 멀리 마을 어귀를 지나는
국도의 한 부분만 보일 뿐
사람이 그리운 곳입니다

아침부터 마당에 봄비가 내리고
작은 새들이 창을 가로질러 바삐 날아가고
매화며 목련 감나무의 뭉툭한 가지도
가끔 흔들릴 뿐
이웃도 뒷산도 말이 없는 곳입니다

누구라도 오고 싶을 때는 오고
보고 싶을 때 다녀가면 좋으련만
녹차 한 잔 구수하게 달여 놓고
흘러간 추억의 음반 한 장 올려놓고
봄비 더불어 기다리고 있을 터인데

파랑새

오래전부터
당신이 오고 있었던가
반가움에 손 내미는데
야속하게도 당신은
하늘의 구름만 보네요

지난밤 지나간 흔적도
달빛이었고
잡히지도 보이지도 않는
바람이었나 보네요

그래도 좋아요
당신 몰래 가두어 놓은
내 품에 파랑새 한 마리
이 세상 끝까지 함께 할
영원한 당신인 것을

초파일

자비가 바람에 매달렸다
스님의 마음이 기웃거린다
물욕의 바람이 연등을 흔든다

극락전 천정에 연화가 빼곡하다
10만 원 이상이다
몇 해째 이름 값이지만
부처는 모르는 자비다

스님 3만 원입니다
어디 자리입니까
마음대로 하시지요.

한 무리 수국 위
끝도 시작도 아닌 서열 없는 자리
나와 내 가족이 매달리는
삼밭골 연화사

임자도의 아침

임자
어젯밤 당신 품에 들어
꿈같은 밤을 보냈습니다

지난 세월 함께 살아오면서
한 번도 되돌아보지 않았던
억척의 삶들이
아름다운 흔적의 모래톱이 되어 있음도 보았습니다

그리고 그 숱한 모래톱을
가슴에 담고
아침을 걸어가는 당신을 보았습니다

사랑합니다
임자의 행복함이
임자도 아침 햇살에 환하게 서 있었습니다

임자도 문학기행 지에서

후회

한 번도
당신의 자지러지는 웃음들은 적 없다
미안해

다 두고
단둘 호젓한 여행 한 번 간 적 없다
미안해

이제야
천 개의 귀를 열어 멀리 있는 당신을
불러본들, 무슨 소용 있겠나

파도

저리도 처절하게
굴러와 와락 안기더니
제대로 연애 한 번 못하고
허옇게 퍼질러놓은
고독한 정사

아침단상

7월의 어느 새벽에 시인은

나뭇잎 사이에서 자자한 새 소리
세상 밖으로 날려 보내고.
톡톡 튀어 오른 소리 휘-익 털어낸다

그리고 지금 막 들어오는
빗금의 햇살 줄기
나뭇가지에 걸어놓고
시원한 그늘 집을 꿈꾼다.

하루는 늘 이렇게 시작했는데
오늘 시인의 가슴은 또
어느 도시의 뜨거운 길을 걷다가
그늘로 돌아올까

바람과 구름이 머문 자리

바람 따라 먼 산을 넘는
구름이 머무는 그곳에 가서
아무나 잡고
못다 한 얘기를 다 하고

질투도 미움도 없이 사는 들풀에
지나온 삶 내려놓고
그 품에 잠들다가
이른 새벽 촉촉이 내리는
이슬을 머금고

척박하고 고된 현실을 잘라내고
아름다운 수채화 한 폭을
파도가 보이는 바닷가 언덕에 펼쳐놓고
그 위
누군가의 어깨에 기대고 싶다

세월이 흘러도 지울 수 없는
거기 가면 그대로
추억이 다둑다둑 묻힌 곳에서
내 영혼 끌어안고 이젠 쉬고 싶다

김해에서 강촌까지

　청춘이 머무는 강촌이라 했던가
구곡폭포 가는 풀 섶 길에 무지개다리 놓았다 했던가 그 강촌에 시가 있다고 했다

　김해에서 강촌까지, 경북 충청 강원의 삼 도를, 한 나절도 넘게 달려야 닿을 수 있는 천 리 길 강촌역에 그리움에 젖은 시들이 있다고 했다.

　아는 이도 연고도 없는 정거장 마당에 들어서니 6월의 해는 중천을 넘어 기울고 있었다. 역무원에게 양해를 구하고 비상통로를 빠져나가 계단을 올라가니 프렛 홈 유리 벽에 100여 편의 시화가 눈 안에 들어온다.
　고마워요, 외로움들이 왈칵 눈물로 반긴다.

　이인섭 강촌역장이 쓴 "물안개"가 살포시 나그네를 감싸 안더니, 문학박사 지은경의 시 "사랑" 한 편이 시선을 묶는다,
　처음엔 말랑말랑 부드럽다가 가끔 가시에 찔리는 것이라는, - 사랑 - 의 행간 안으로 잊혀 진 한 사람

데려다 놓는다.

 서울에서 온다는 기차는 어디가 종착지인지 그따윈 안중에도 없었다. 알려 하지도 않았다, 시화들을 카메라에 담는다, 다 읽고 가기에는 불가능이다. 그리고 저 시화들을 누군가 작정하고 다 읽었을까? 영리를 목적으로 한 전시품일까? 안타깝다.
 한 편의 시를 탈고하기까지 시인은 얼마나 많은 고뇌를 하는가, 저렇게 점점의 섬처럼 뚝 떨어져 나가 앉아 있다니. 괜한 생각을 해본다.

 뚜루루 뚜루루 기차는 연달아 들고난다, 정거장은 언제나 무정이다, 어디론가 가고 오는 사람들도 무언가와 이별하는 느낌이다. 때론 오랜 타향을 벗어난 금의환향도 있을 것이지만 한 번 떠난 것은 쉬 되돌아오기가 힘들다는 것을 이별해본 이는 안다.
 저 시화들도 오늘 나와 우연이겠지만 인연으로 눈이 맞아 많은 얘기들을 주고 받았지만, 이제 가면 언제 다시 만나질지 기약 없는 이별이 아니겠는가.
 멀고 험난했던 인생의 여정들을 아름답게 승화시킨 시인들에게 감사의 마음을 두고 간다,

 땅거미 기울고 강촌이 어둠에 든다,

천 리를 다시 돌아가는 길 어디쯤에서 나는 가끔은 유리 벽에 기댄 시화의 고독한 아름다움을 생각하다가 가끔은 정속을 무시할 것이다, 그저 그럴 것이다. 고속도로의 등을 타는 불빛들도 어지러울 것이다,
 그러나 시화의 아름다운 사연들을 바람이 밀어주면 한 발 앞이 김해일 터다.

 아침이면 이름 모를 새소리 산의 울음 위로 물안개가 어린다는 그림 같은 강촌과, 프렛 홈 유리 벽에 정지된 시화가 전하는 사연들은 내 삶의 한 부분에서 오래도록 기억될 것이다.
 어쩌면 우리네 삶이듯 긴 여정 짧게 끊은 아쉬움이다.

평설

시의 표정
— 박재근 시인의 시

김석규 시인

평설

시의 표정
- 박재근 시인의 시

김석규 시인

하루도 시를 쓰지 않으면 손에 쥐가 나는 시인이 있을까?
부도 명예와도 하등의 관계가 없는 시를 두고 생애를 통하여 매달리는 시인은 과연 어떤 사람인가. "코란"에도 쓰여 있듯이 시인은 마치 미친 듯이 골짜기를 헤매고, 스스로 하지 않은 말을 노래 부르는 이들이므로 악마의 저주를 받아 마땅한 사람인가. 누구하나 시를 읽으려 들지 않는 시대에 시인은 사람들로부터 외면당한 지 오래인 가련한 존재로 남아 있다.
시는 인간의 순정한 정신세계 너머 도달할 수 없는 아득한 영혼의 거리이고 시인은 일상으로 시공을 초월하여 주유하는 사람이다. 시인에게는 삶의 철학과 인간의 이상을 관조하고 그것을 타인에게 제시하는 능력이 있다.
시인이 관조하는 이념이 동시대를 살아가는 모든 사람들의 전도를 제시하는 것은 아니다. 물론 제시하는 경우도 있겠지만 그럴 경우 시인은 이념의 견지자

로서 가장 영향력 있는 위치에 서게 된다.

한 시대 사회의 가장 고상한 에토스로서 인간의 이상형을 발견하는 자는 시인이고 그런 의미에서 시인은 국가 사회의 교육자이고 선도자가 된다. 시인이 그럴 수 있는 소이는 그가 관조하며 창조하는 독창적인 것이 어떤 유형무형의 자유를 누리고 있기 때문이다. 이 자유는 시 이외의 다른데서는 찾아볼 수도 없거니와 인간의 기품에서도 없는 것이다.

미학적 예술적이기도 한 자유는 도덕적 자유와는 전혀 다른 것이다. 도덕적 자유는 명령이나 가치체계와도 관계가 있으며 명령에 대하여 다만 행동 하거나 아니면 반대할 수 있는 자유라 한다면 시의 자유는 가치 그 자체를 관조하고 타인의 눈에 가시적으로 나타내 보여줄 수 있는 자유를 말한다.

시적 자유는 실재하는 모든 사상 등을 마음대로 초월할 수 있다. 왜냐하면 시적 자유의 임무는 관조인 가치를 실현시키는 데 있지 않기 때문이다. 시적 자유에는 당위가 따르지 않으며 따라서 이 자유는 당위와 같은 필연성의 자유가 아니라 반대로 가능성의 자유이다.

시적 자유의 세계 내부에서는 실재를 추구하는 것이 아니며 따라서 아무것도 실현되지 않기 때문이다.

오히려 시적 자유는 현실을 이탈하려고 하는 경향

평설 * 시의 표정

을 가지고 있다. 이 시적 자유에 있어서 참으로 경탄할 만한 것은 관조한 이념을 구체적으로 나타나게 하는 점이다. 시인은 그가 관조한 이 이념을 도덕이나 명령이나 이상이라고 말하지 않는다. 오히려 시인은 이 이념을 관조자의 눈앞에서 스스로 움직이며 말하는 생생한 형태로 표현한다. 그리고 바로 그렇게 함으로써 시인은 독자들을 설복하는 효과를 거두며 동경하는 인간형으로 한 차원 높게 승화 시킨다. 물론 이것은 이미 시의 미적 기능으로서가 아닌 도덕적 정서적 그리고 문화적인 기능으로서 시가 인간 생활과 얼마나 밀접한 관계를 가지고 있는가를 드러내 보임이다.

궁극적으로 시는 인생과 삶과 실재로부터 유리되어 질 수 없다. 시는 언제나 실재적 생활에 뿌리박고 있으며 실재적 생활의 형식 또한 시 창작의 형식 동기가 된다. 또한 시가 실재적 생활을 초월해서 먼 미래를 내다보는 비전을 제시한다고 할 때, 다시 말해 존재하지 않으나 확신되는 것을 창조적으로 관조한다면 그 시대를 뛰어넘는 위대한 고전이 될 수 있는 것이다. 왜냐하면 현실생활에서 그 이상의 무엇을 시사하여 주기 때문이다. 이로 보면 모방과 창작의 갈등이 실은 진정한 이율배반이 아니라는 것이다.

삶의 진실성과 견실성이 결여된 시는 상규를 벗어

나기 쉽고 직관과 상상이 결여된 시는 사상적 산문이 되기 쉽다. '시인은 거짓말을 너무 많이 한다. 고 니체가 말한 일이 있는데 이는 시가 인생을 보는 안목을 흐리게 하는 미혹 적이고 허식적인 효과를 준다는 의미일 것이다.

시가 과연 그런 것인지 아닌지는 별개의 문제로 하더라도 다분히 이러한 위험성에 떨어질 수 있다는 사실은 부인할 수 없다. 문제는 어떻게든지 상식적 욕구를 제한하는 데 두어서는 안 된다는 것이다. 상상력은 언제나 시적 창작의 원천이 되어 왔을 뿐만 아니라 모든 문학작품이 진리를 상상과 대립시켜 이해하려 드는 사람은 문학의 진리를 오해 하고 있다고 봐야 한다. 시는, 다시 말해서 입으로 말할 수 없는 과잉한 감정에 사로잡힌 시인이 자신의 정감 속으로 몰입해 오기를 바라면서 본의 아닌 발화를 하고 있는 것은 아닐까.

박재근 시인과의 교통은 요 근간의 일로 자주라고는 할 수 없겠지만 어쩌다 사석에서 이야기를 나누다 보면 그의 시적 연륜이 꽤나 깊고 장구했음을 알 수 있다. 하기사 그도 이제는 고희에 이르렀으니 족히 오십 성상은 될 것이라 짐작이 가는데 시인의 나이는 시를 처음 쓰기 시작했을 때부터 세어야 한다는 말대

로라면 그간의 시업이 종사해온 기간이 상당함을 말해준다.
　박재근 시인의 시가 순정하고 무구한 정서로 윤색된 삶의 진실인 것만 보더라도 이를 넉넉히 가늠하게 한다.
　박재근 시인의 처녀시집인 "바람과 그름이 머문 흔적"에 이은 "바람과 구름이 머문 순간" 그리고 이번에 상재하는 "바람과 구름이 머문 자리"의 시집 제명에도 잘 나타나 있듯이 오직 외곬의 고집스런 일방통행으로서의 "바람과 구름"이 "머문" "흔적과 순간과 자리"를 주의깊게 눈여겨 볼 필요가 있다.
　통념적으로 "바람과 구름"이란 "풍운"을 지칭하는 것으로 풍운이 가지고 있는 함의는 평범한 한 사람의 생애를 통해 겪게 되는 신산고초와 변전무상에서부터 영웅호걸이 큰 뜻을 펼칠 수 있는 절호의 기회를 얻기에 이르기까지 그 뜻은 실로 다양한 양태로 복잡다단해진다.
　박재근 시인은 이러한 의미망에서 살아나온 삶의 굽이굽이를 바람과 구름이 머문 흔적으로 순간으로 자리로 차곡차곡 잘 다독여서 봉인하여 쌓아 두려고 하는 저의에 많은 사람들의 공감과 찬사를 보내리라 믿는다.
　바람과 구름은 속성상 일정한 형체를 갖추지 않는

다. 쉽게 일었다 가뭇없이 사라져버리고 어디로부터 와서 또 어디로 가는지도 모르게 훌쩍 떠나는가 하면 바람은 숲을 지날 때와 깎아 지른 벼랑의 바위 너설을 지날 때의 소리가 다르고, 구름 또한 하늘의 마을을 지나면서 몇 번도 더 매무새를 고치지 않는가.

박재근 시인은 연부역강의 젊은 한 때에 문학의 열병을 몹시 앓아 끝내는 남루한 행색으로 팔개월여를 바람으로 구름으로 풍찬노숙하며 또 여유로 왔던 아름다운 전력을 비장 하고 있다.

일체의 구속이나 속박으로부터 일탈하여 산 보듯 물 보듯 유리포박 하는 도정으로 바람과 구름이 머문 흔적과 순간과 자리야말로 시인의 영원한 시의 모태이자 원형질이라 할 수 있다.

누가 이 가을을 떠남이라 하는가
한여름 내내 여문 알곡의 저 넉넉함
높이 올라 끝 간대 모를 푸른 하늘에
하염없이 흐르는 흰 구름
어디 하나 유정의 세월 아닌가.

바람처럼 덧없을 먼 여정 같아도
우리 언제부터인가 수많이 걸어온 길
돌아보면 청춘도 사랑도
때로는 태우고 비우고 품에 안은
그리운 시절 아닌가.

평설 * 시의 표정

> 인생의 끝이 어딜까
> 황혼에 물든 들녘을 걷다보면
> 붉어지는 동행
> 떼어낼 수 없는 이 가을을 따라
> 아름답고 영원하다는 천상으로 인도되는
> 감사의 계절 아닌가
> "가을 여정" 전문

  인용한 시에서도 보이는 "하염없이 흐르는 흰 구름"과 "바람처럼 덧없을 먼 여정"에서의 구름과 바람 또한 박재근 시인이 끈질기게 추구해 온 원형심상으로서의 조화와 관계에 대한 인식의 성찰로 보인다. 시인도 이젠 황혼에 곱게 물들어 가는 들녘에 서서 스스로 인생의 끝이 어디인가 하고 자문하면서 "태우고 비우고 품에" 안기로 했던 젊음도 사랑도 지금에사 돌아보면 한갓 그리운 시절로만 달려오는 이 마음을 누가 쓸쓸하다 했는가고 반문하며 아름답고 영원한 천상으로 가는 은총과 감사의 계절로 인식하고 있다.

> 떨어진 꽃잎이
> 머물렀던 자리를 올려다보고
> 머물렀던 흔적 그 자리가
> 꽃잎을 내려다보고
>
> 나는 꽃잎 그대는 흔적
> "필연" 전문

> 이미 죽은 자에겐
> 아무것도 없는 바탕이고
> 그림자인들 어른거릴까
> 그냥 이대로 멀리 생전이듯
> 휘적휘적 가고 있을 거라고
> 기억하다가
> 잊어버리면 그만인
> 토씨처럼 외롭게 떨어진
> 나뭇잎 하나였느니라.
> "유지(遺旨)" 부분

앞서 인용한 시 "필연"은 이 시집에 수록된 박재근 시인의 시 총량으로 요약될 수 있다. 멀고도 긴 인생 역정에서 아무래도 그렇게 될 수밖에는 별다를 도리가 없는 우주적 숙명적 인과관계를 농축하여 드러내 보인다. 머물렀던 순간과 흔적과 자리가 나와 꽃잎으로 상호응감의 또 한 세계를 열고 들어간다.

부분 인용한 "유지"의 전반부는 "이름 하나/ 평생을 부르다가/ 몸부림치다가 끝내/ 나 죽거들랑/네게 미쳐 다 쓰지 못한 편지/ 함께 태워/ "뿌릴 것을 당부하며" 혹 그럴 수 없다고/산에 무덤을 짓거든/ 결코 묘비에 시인이었음을 밝히지 말라는 유지는 생애를 통한 강열하고도 순정한 삶을 살아낸 시인임을 필경은 역설적으로 말하는 것이다.

우리 인연 여기까지
참 많은 세월 행복 했어요
돌이켜보니 그 세월
문학이 어떻고 시가 어떻고

삶이 다 하도록
못 잊어 하다가
누구 하나 먼저 그리움 두고
하늘나라로 갔다는 기별이라도
들을 수 있기를

눈꽃 속에 봄꽃 속에
푸른 산하 단풍 길에 남긴
추억의 발자국
기억하지 말아요
우린 여기까지 였어요
　　　　　　"잊어야지" 전문

　한 시인이 자신의 삶과 지금까지 전심전력 꺽 투신해 온 시에 대해 어쩌면 이렇게 겸허할 수 있을까
　　이는 앞으로 전개될 시의 세계와 그 성취에 대한 무한의 가능일 수도 있을 것이다
　　크게 기대하여 마지않는 바이다.